「思い出ノート」にようこそ

「思い出ノート」を手に取っていただき、ありがとうございます。

「思い出ノート」とは、昔を思い出しながら、あなたの半生を振り返るノートです。

記載されている１００の質問に答える形でノートに書き込めば、それがそのまま自分史を作ることにもつながります。

これまでの人生を振り返る事で、今まで気づかなかった自分を発見することがあるかもしれません。それは、あなたやご家族、大切な人にとっての宝物になるのではないでしょうか。そして、これからのあなたの生き方を気づかせてくれることにもなるでしょう。

昔の事を思い出し、それを書くことは、脳の活性化や老化防止につながります。

【使い方】

まず次のページの「思い出ノートの使い方」をお読みください。

あなたに当てはまらない質問や答えにくい質問がある場合は、記入する必要はありません。必ずしも質問通りに回答する必要もありません。関連すること、思いついたことを気楽にお書きください。

順番通りに回答する必要もありません。書きやすいところからはじめてください。

一度にたくさん書かなくてもいいので、ゆっくり思い出しながら書き進めてください。

このノートをもとに、ご家族やお仲間と、そのころのエピソードや思い出を語り合うのも楽しいでしょう。

さあ、それでは、あなたの「思い出」を探す旅に、出発しましょう。

思い出ノートの使い方

① 準備

まずは、思い出しの準備です。
テーマに沿ってメモしてください。
(トピックスや転機になった事項など)

思い出し準備

学校
小学校の給食が何より
楽しみだった
(特にクジラの竜田揚げ)
高校生活の90％は
演劇部だった

趣味・スポーツ
中学の体育祭で
人生初の骨折
50歳を過ぎてからの
乗馬体験で馬好きに

仕事・家事
34歳の時に出張で初めて
海外へ(香港で食べた飲茶
の味は忘れられず)

友人・恩師
高校の恩師の助言で
出版業界に就職

住まい
就職して初めての
一人暮らし(東京)
35歳で念願の
マイホーム(神奈川)

旅行
北海道旅行で大自然に
触れ人生観が変わった

好きな歌・本・映画など
植村直己の冒険記を
読んでアウトドア好きに
なった

よく行った場所・お店など
映画館 毎日座
近所のパン屋さん
近所のお肉屋さん
喫茶 エブリデイ

③ 年表

ノート後半に年表が記載されています。
ご自身の年齢と対比して「思い出し」
の補助としてご活用ください。

昭和25年(1950)～昭和32年(1957)

年代	あなたのニュース	重大ニュース	話題・ニュース
昭和25年 1950年		朝鮮戦争勃発 北朝鮮軍の南侵を機に韓国、米国や国連、中国を巻き込んだ戦争に	金閣寺全焼 金閣寺が放火で全焼。5年後の1955年に再建 ♪「東京キッド」(美空ひばり)
		サンフランシスコ講和条約 日米安全保障条約(旧安保条約)も同時に締結	黒沢明監督「羅生門」ベネチア国際映画祭でグランプリ ♪「上海帰りのリル」(津村謙)
		講和条約発効 日本が独立を回復	ラジオドラマ「君の名は」木曜夜の放送中は女湯がガラガラとの神話も ♪「テネシー・ワルツ」(江利チエミ)
		吉田茂首相「バカヤロー解散」野党との質疑で吉田首相の「バカヤロー」発言が発端で衆議院解散	映画「君の名は」真知子巻き 主役真知子(岸恵子)のストールが大流行 ♪「街のサンドイッチマン」(鶴田浩二)
昭和29年 1954年 (歳)		ビキニ水爆実験 ビキニ環礁で行われたアメリカの水爆実験で、付近で操業中の第五福竜丸が被ばく	モンロー旋風 マリリン・モンローが24日間日本に滞在 映画「ゴジラ」 ♪「お富さん」(春日八郎)
昭和30年 1955年 (歳)		55年体制成立 保守2党が合併して自由民主党に。左右両院社会党が再統一	三種の神器 電気冷蔵庫、電気洗濯機、白黒テレビがあこがれに ♪「月がとっても青いから」(菅原都々子)
昭和31年 1956年 (歳)		日ソ共同宣言と国連加盟 日ソ両国の国交回復。年末に日本の国連加盟が承認される	日本登山隊がマナスル初登頂 ヒマラヤの標高8163m 石原慎太郎「太陽の季節」が芥川賞、映画で石原裕次郎デビュー
昭和32年 1957年 (歳)		スプートニク1号 ソ連が世界初の人工衛星。米ソの宇宙開発競争開始	南極昭和基地 ♪「東京だョおっ母さん」(島倉千代子)、「有楽町で逢いましょう」(フランク永井)

昭和33年(1958)～昭和40年(1965)

年代	あなたのニュース	重大ニュース	話題・ニュース
昭和33年 1958年 (0歳)	毎日病院で生まれる 体重3330g	皇太子殿下ご婚約 皇太子明仁さま(現上皇さま)、正田美智子さんとご婚約	長嶋茂雄、巨人入団 セ・リーグ新人王に 東京タワー完成 ♪「風をよぶ男」(石原裕次郎)
昭和34年 1959年 (1歳)	我が家もテレビを購入	皇太子殿下ご成婚 ミッチーブーム。テレビが一挙に普及	王貞治デビュー 早稲田実業から巨人に ♪「ギターを持った渡り鳥」(小林旭)
昭和35年 1960年 (2歳)		新安保条約の成立 大規模な反対運動で米大統領来日中止。岸首相退陣	ローマ五輪 日本体操男子団体総合が金メダルを獲得 ♪「アカシアの雨がやむ時」(西田佐知子)
昭和36年 1961年 (3歳)		ケネディ大統領就任 米国史上最年少の43歳	ソ連が世界初の有人宇宙船 ガガーリン宇宙飛行士「地球は青かった」♪「上を向いて歩こう」(坂本九)
昭和37年 1962年 (4歳)	妹の小百合が生まれる	キューバ危機 キューバの核ミサイル基地の建設を巡り、米ソが一触即発の危機に	小型ヨット太平洋単独横断 堀江青年がマーメイド号で94日で到達。「太平洋ひとりぼっち」♪「いつでも夢を」(橋幸夫、吉永小百合)
昭和38年 1963年 (5歳)	近所の団地に引っ越してきたこうちゃんと出会う 一緒に公園でよく遊んだ	三井三池炭鉱と国鉄鶴見線の2大事故 11月9日最大の炭鉱事故で458人死亡。鉄道事故では161人が死亡	ケネディ大統領暗殺 ダラス市内をパレード中に銃撃され死亡 ♪「こんにちは赤ちゃん」(梓みちよ)
昭和39年 1964年 (6歳)	父にはじめて映画館に連れて行ってもらった モスラ対ゴジラを観た	東京五輪開催 日本で初めての五輪。日本は金16、銀5、銅8	東海道新幹線開業 東京五輪に合わせて、東京-新大阪開業 ♪「愛と死をみつめて」(青山和子)
昭和40年 1965年 (7歳)	さくら小学校に入学	米国、ベトナム戦争介入 北ベトナムの空爆(北爆)など本格的な軍事介入	朝永振一郎ノーベル物理学賞 ♪「学生時代」(ペギー葉山)

② 100の質問

テーマ別に分かれています。
(「学校」「くらし」「恋愛」など)

> 右ページはフリースペースです。例えば学校周辺の地図を思い出して書いてみたり、写真を貼ったり、左ページに書ききれなかった事を書いてもかまいません。

名前

【1】お名前は？(旧姓のある方は旧姓もお書きください)
毎日健太郎　父方の故郷には多い名字
先祖は大名の家臣だったらしい　故郷には毎日山という山がある

【2】名前の由来は？(家族から聞いた名前の由来)
健康に育ってほしいとの思いから
家族内で賢く育って欲しいと「賢太郎」という案もあった
そうだが、まずは健康ありきで「健」の字になったとか

【3】あだ名や呼び名は？(親きょうだい、友人からなんと呼ばれていましたか？その由来は？)
友達や近所のおばちゃんからは「けんちゃん」「けん坊」、
小中では「マイケン」、会社でも「マイケン」
親兄弟からは「キーちゃん」と呼ばれている。
由来は幼少のころ自分で「けんちゃん」と発音できずに
「キーちゃん」と言っていたのが今でも残っている

【4】名前にまつわるエピソードを教えてください(名前のおかげで得をしたことなど)
めずらしい名前なので初対面の人にもすぐ覚えてもらえる
「およげたいやき君！」という歌が流行したときには
「♪毎日、毎日、僕らは〜」といっていじられた思い出がある

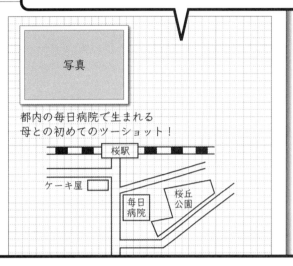

都内の毎日病院で生まれる
母との初めてのツーショット！

> 質問に答える形で、ゆっくり思い出しながら記入してください。必ずしも質問に忠実に答える必要はありません。一つの質問から連想して膨らませてください。

【昭和クイズ】昭和21年(1946年)に新聞連載が始まった長谷川町子の国民的マンガは？

> 「昭和クイズ」にも挑戦してください。

日本地図

地図には、あなたの住んだ場所、仕事場、旅行先などを記入してみましょう。

＜記入例＞
住んだ場所⇒○
仕事場⇒□
旅行先⇒◎

娘が結婚して北海道へ。
夫婦での北海道旅行が恒例に。孫と初めての乗馬

ねぶた祭りを見に青森へ家族旅行

仙台に転勤　初めての単身赴任

北陸新幹線に乗って金沢旅行

中学の修学旅行で京都へ

宮崎へ新婚旅行

④ 白地図

巻末に日本地図と世界地図の白地図が用意されています。旅や転勤、転居の思い出の「引き出し」の補助としてご活用ください。

思い出し準備

| 学校 | 趣味・スポーツ |

| 住まい | 旅行 |

仕事・家事

友人・恩師

好きな歌・本・映画など

よく行った場所・お店など

名前

【1】お名前は？（旧姓のある方は旧姓もお書きください）

【2】名前の由来は？（家族から聞いた名前の由来）

【3】あだ名や呼び名は？（親きょうだい、友人からなんと呼ばれていましたか？その由来は？）

【4】名前にまつわるエピソードを教えてください（名前のおかげで得をしたことなど）

【昭和クイズ】昭和21年（1946年）に新聞連載が始まった長谷川町子の国民的マンガは？

生まれ

【5】生年月日は？

【6】どこで生まれましたか？（病院名などもわかれば）

【7】干支と星座、血液型はなんですか？

【8】あなたが生まれたのはどんな時代でしたか？

【9】生まれにまつわるエピソードを教えてください（家族から聞いた話など）

【昭和クイズ】昭和20年(1945年)、天皇陛下が戦争終結を伝えられた放送は？

【前ページの答え】サザエさん

親・きょうだい、祖父母、親戚①

【10】お母さんはどんな人でしたか？（名前や人柄など）

【11】お父さんはどんな人でしたか？（名前や人柄など）

【12】おじいさん、おばあさんはどんな人でしたか？（名前や人柄など）

【13】両親、祖父母にまつわるエピソードを教えてください

【14】あなたは何人きょうだいですか？（きょうだいの名前も記してください）

【昭和クイズ】昭和24年（1949年）、日本初のノーベル賞受賞者はだれ？

【前ページの答え】玉音放送

親・きょうだい、祖父母、親戚②

【15】 あなたはきょうだいの中でどのような子どもでしたか？
（おとなしかった、活発だったなど）

【16】 きょうだいはどのような人ですか？（仕事や結婚、子どもの有無など）

【17】 きょうだいとの思い出は？（遊んだこと、ケンカしたことなど）

【18】 いとこやおじ、おばなどとの思い出はありますか？

【19】 そのほか、家族や親戚にまつわるエピソードを教えてください

【昭和クイズ】昭和26年(1951年)にあったベネチア国際映画祭での黒沢明監督によるグランプリ受賞作は？

【前ページの答え】湯川秀樹

学校（幼稚園・小学校・中学校）

【20】出身校を教えてください（幼稚園・小学校・中学校）

【21】それぞれの学校の思い出は？（行事・校歌・先生など）

【22】得意科目、不得意科目は？

【23】課外活動や習い事の思い出は？

【24】修学旅行や遠足などの思い出は？

【昭和クイズ】昭和27年（1952年）、白井義男が日本人初の世界チャンピオンになりました。その競技は？

【前ページの答え】羅生門

学校（高校〜）

【25】出身校を教えてください（高校〜）

【26】それぞれの学校の思い出は？（行事・校歌・先生など）

【27】得意科目、不得意科目は？

【28】放課後は主になにをしていましたか？

【29】合宿や旅行の思い出はありますか？

【昭和クイズ】昭和29年(1954年)、マリリン・モンローが来日しました。彼女は何を着て寝ると言った？

【前ページの答え】ボクシング(フライ級)

学校全般

【30】学生時代のアルバイトやお手伝いの思い出は？

【31】学業以外で熱中していたことは？

【32】憧れの人についてお書きください

【33】記憶に残る恩師は？（恩師の一言など）

【34】そのほか、学生時代にまつわるエピソードを教えてください

【昭和クイズ】昭和32年（1957年）、ソ連が世界初の人工衛星打ち上げに成功しましたがその名前は？

【前ページの答え】シャネルの5番

住まい

【35】これまでどんな所のどんな家に住んできましたか？（巻末の白地図をご利用ください）

【36】思い出深い住まいと、その理由は？

【37】思い出深い住まいの周辺地図や間取りを右ページに書いてください

【38】ご近所付き合いでの思い出は？（幼なじみなど）

【39】そのほか、住まいにまつわるエピソードを教えてください（初めて買った家など）

【昭和クイズ】昭和33年(1958年)に完成した東京タワーは高さ何メートル？

【前ページの答え】スプートニク

趣味・資格

【40】あなたの趣味・特技は？

【41】何をきっかけに始めましたか？

【42】趣味や特技が高じて取った資格などはありますか？

【43】趣味や資格が役に立ったことは？

【44】そのほか、趣味や資格にまつわるエピソードを教えてください

【昭和クイズ】昭和36年(1961年)、有人宇宙飛行に初めて成功したソ連ガガーリンは地球を見て何と言った？

【前ページの答え】333メートル

友だち

【45】親友と呼べる人や思い出深い友人の名前は？（何人でも）

【46】その人たちとはどのようなお付き合いですか？

【47】もう一度会いたい友人はいますか？

【48】文通の思い出はありますか？

【49】そのほか、友人にまつわるエピソードを教えてください

【昭和クイズ】昭和40年(1965年)、ベンチャーズが来日しエレキブームが起こった。この時流行したダンスは？

【前ページの答え】地球は青かった

好み

【50】好きな食べ物、思い出に残る食べ物は？

【51】好きなファッション、思い出に残るファッションは？

【52】好きな音楽、思い出に残る音楽は？

【53】好きな本、思い出に残る本は？

【54】好きな映画、思い出に残る映画やテレビ番組は？

【昭和クイズ】昭和42年（1967年）、英国ファッションモデルが来日しミニスカート旋風を巻き起こした。名前は？

【前ページの答え】モンキーダンス

くらし①

【55】子どもの頃の宝物は？

【56】大人になってからの宝物は？

【57】よく遊びに行った場所は？

【58】よく行ったお店は？

【59】どんなところに旅行しましたか？（巻末の白地図をご利用ください）

【昭和クイズ】昭和43年（1968年）、参院選でタレント議員が上位で当選。全国区で2位は青島幸男、1位は？

【前ページの答え】ツイッギー

くらし②

【60】あなたのくらしにペットはいましたか？（現在でも）

【61】ペットにまつわるエピソードを教えてください

【62】病気やけがの思い出は？

【63】思いもよらない出来事の経験は？（災害や事故など）

【64】そのほか、くらしにまつわるエピソードを教えてください

【昭和クイズ】昭和46年（1971年）、マクドナルド日本1号店はどこにオープンした？

【前ページの答え】石原慎太郎

しごと①

【65】 どんな仕事をしてきましたか？

【66】 その仕事を選んだ理由は？

【67】 仕事の内容を詳しく教えてください

【68】 思い出に残る仕事はなんですか？（成功談や失敗談など）

【69】 最初の給料は何につかいましたか？

家事①

【65】得意な家事は？

【66】苦手な家事は？

【67】得意な料理は？

【68】家庭の味と言えば？

【69】家事での失敗談を教えてください

しごと②

【70】社員旅行、出張、転勤などの思い出は？

【71】上司、部下、同僚に関する思い出は？

【72】一番やりがいがあった仕事は？

【73】仕事で壁に当たった時、どのように乗り越えましたか？

【74】そのほか、仕事にまつわるエピソードを教えてください

家事②

【10】家族旅行の思い出は？（巻末の白地図をご利用ください）

【11】ご近所付き合いの思い出は？

【12】初めて家電製品が来たときの思い出は？（テレビや冷蔵庫など）

【13】社会活動・ボランティア活動の経験は？（現在している方も）

【14】そのほか、家事にまつわるエピソードを教えてください

恋愛

【75】初恋の思い出を聞かせてください

【76】思い出に残るデートは？

【77】ラブレターを書いたこと、もらったことはありますか？

【78】恋愛当時を思い出す歌は？

【79】その他恋愛にまつわるエピソードを教えてください

結婚

【5】妻（夫）とはどこで知り合いましたか？

【6】出会った時の印象は？

【7】結婚時の思い出は？（式場、ハネムーン、プロポーズなど）

【8】結婚して良かったことは？

【9】そのほか、結婚生活にまつわるエピソードを教えてください

子ども・まご・おい・めい

【80】 妻（夫）子どもの名前、生年月日は？（まご・おい、めい）

【81】 子どもの名前の由来は？（まご・おい、めい）

【82】 それぞれ何をしていますか？（仕事、人柄、結婚の有無など）

【83】 子育てで気をつけていた事はありますか？

【84】 そのほか、子ども・まご・おい、めいにまつわるエピソードを教えてください

【昭和クイズ】昭和47年（1972年）、軽井沢で連合赤軍による立てこもり事件が起こった山荘は？

夢

【85】子どもの頃の夢は？（なりたかった職業など）

【86】今までで実現できた夢は？

【87】これから挑戦してみたいことは？

【88】座右の銘や好きな言葉はありますか？

【89】あなたの中にある「壮大な夢」を教えてください（実現不可能なことでも可）

【昭和クイズ】昭和57年（1982年）に発売されたテレホンカードの発売当初の最高額は？

【前ページの答え】浅間山荘

人生①

【90】あなたの人生に影響を与えた人は？

【91】あなたが考える人生の転機は？

【92】今と違う人生なら何をしたかった？（何になりたかった？）

【93】あなたの人生で無くてはならなかったものとは？（人でもモノでも）

【94】この後のあなたの人生の目標は？

【昭和クイズ】昭和58年（1983年）に開園した東京ディズニーランドの真ん中にあるお城は？

【前ページの答え】5,000円（500度数）

人生②

【95】あなたの人生で「喜」ばしかったことは？

【96】あなたの人生で「怒」ったことは？

【97】あなたの人生で「哀」しかったことは？

【98】あなたの人生で「楽」しかったことは？

【99】過去の自分へ伝えたいことを書いてください

【100】思い出ノートを書き終えた感想などお書きください

【前ページの答え】シンデレラ城

年表　大正14年(1925)〜昭和7年(1932)

年代	あなたのニュース	重大ニュース	話題・ニュース
大正14年 1925年 (　　歳)		**普通選挙法** 納税制限を撤廃、満25歳以上の男子に選挙権。同時に社会主義運動を取り締まる治安維持法も	**東京六大学野球** 開幕試合は明治-立教
大正15年 昭和元年 1926年 (　　歳)		**大正天皇崩御し昭和に** 皇太子裕仁親王（昭和天皇）が即位。元号が12月25日即日昭和に	**日本放送協会設立** 東京、大阪、名古屋の3局を再編
昭和2年 1927年 (　　歳)		**昭和金融恐慌** 片岡直温蔵相の銀行破綻失言を契機に取り付け騒ぎや銀行休業が相次ぐ	**日本初の地下鉄** 上野-浅草間で銀座線が開業 ♪「佐渡おけさ」
昭和3年 1928年 (　　歳)		**張作霖爆殺事件** 中国東北部の軍閥・張作霖の乗った列車を関東軍が爆破。満州某重大事件と呼ばれた	**野口英世死去** アフリカで黄熱病を研究中に自身も感染し死去　♪「波浮の港」（佐藤千夜子、藤原義江）
昭和4年 1929年 (　　歳)		**世界大恐慌** ニューヨーク株式市場の大暴落に端を発し、先進資本主義国に波及	**飛行船ツェッペリン伯号が来日** 世界最大のドイツ飛行船が茨城県の霞ヶ浦海軍飛行場に着陸
昭和5年 1930年 (　　歳)		**浜口雄幸首相狙撃事件** 東京駅で右翼に狙撃され重傷。翌年、病状悪化し総辞職後に死去	**初のサッカーW杯** 第1回国別サッカー大会がウルグアイで開催 ♪「酋長の娘」（石田一松）
昭和6年 1931年 (　　歳)		**満州事変勃発** 奉天（現瀋陽）郊外柳条湖で満鉄線を爆破した関東軍がこれを中国側の行為として軍事行動を開始	**リンドバーグ夫妻来日** 北太平洋航路調査の途中で来日 ♪「酒は涙か溜息か」（藤山一郎）
昭和7年 1932年 (　　歳)		**五・一五事件** 海軍青年将校らが首相官邸に乱入し、時の犬養毅首相を殺害	**白木屋の火事** 東京・日本橋の百貨店火災、逃げ遅れた女性店員ら14人死亡 ♪「銀座の柳」（四家文子）

昭和8年(1933)～昭和15年(1940)

年代	あなたのニュース	重大ニュース	話題・ニュース
昭和8年 1933年 （　　歳）		**国際連盟脱退** 満州国に関するリットン調査団報告書が総会で採択されたことに反発	**大阪で地下鉄開業** 御堂筋線の梅田－心斎橋間が開業 ♪東京音頭（小唄勝太郎・三島一声）
昭和9年 1934年 （　　歳）		**ヒトラー、総統に就任** 首相、大統領兼ね独裁	**忠犬ハチ公像建立** 死んだ主人を10年待ち続けた渋谷駅前に ♪「赤城の子守歌」（東海林太郎）
昭和10年 1935年 （　　歳）		**天皇機関説事件** 憲法学者の美濃部達吉博士が不敬罪で告発される	**築地市場開場** 東京・築地に「東京市中央卸売市場」が開場 ♪「船頭可愛や」（音丸）
昭和11年 1936年 （　　歳）		**二・二六事件** 陸軍青年将校が起こしたクーデター事件。高橋是清蔵相などを殺害	**阿部定事件** 阿部定が、愛人の男を殺害して局部を切り取り逃走　♪「東京ラプソディ」（藤山一郎）
昭和12年 1937年 （　　歳）		**盧溝橋事件** 演習中の日本軍に銃撃があったことを発端に日中戦争が勃発	**ヘレン・ケラー初来日** 浅間丸で横浜港に。約4カ月間で各地を訪問。戦後も2回来日した ♪「あゝそれなのに」（美ち奴）
昭和13年 1938年 （　　歳）		**国家総動員法制定** 総力戦遂行のため人的・物的資源を政府が統制運用可能に	**東京五輪返上** 1940年に予定されていたアジア初の開催を、戦況に配慮して返上 ♪「支那の夜」（渡辺はま子）
昭和14年 1939年 （　　歳）		**第二次世界大戦始まる** ドイツがポーランドなどに侵攻。フランスとイギリスがドイツに宣戦布告	**双葉山69連勝** 平幕安芸ノ海に敗れ70連勝ならず。連勝中に大関、横綱となりブームに ♪「九段の母」（二葉百合子）
昭和15年 1940年 （　　歳）		**日独伊三国同盟締結** 三国同盟を受け米国は、日本への経済制裁を表明	**外国名の排斥** たばこの「ゴールデンバット」が「金鵄」に、「チェリー」が「桜」に ♪「蘇州夜曲」（李香蘭）

昭和16年(1941)～昭和23年(1948)

年代	あなたのニュース	重大ニュース	話題・ニュース
昭和16年 1941年 (　　歳)		**太平洋戦争に突入** 12月8日、日本海軍がハワイ・真珠湾軍港を奇襲、マレー半島に上陸	**李香蘭ブーム** 紀元節の日劇公演にファン殺到 ♪「めんこい仔馬」（高橋祐子・二葉あき子）
昭和17年 1942年 (　　歳)		**ミッドウェー海戦** 同諸島の攻略を目指す日本海軍を米海軍が撃破。戦局の転換点に	**アンネの日記** ユダヤ人少女アンネ・フランクが隠れ家で日記を書き始める　♪「明日はお立ちか」(小唄勝太郎)
昭和18年 1943年 (　　歳)		**アッツ島玉砕** 北太平洋の島で日本軍守備隊が壊滅。大本営が初めて「玉砕」と発表	**学徒出陣第一陣** 兵力不足を補うため、20歳以上の主として法文科系学生を出征させた ♪「可愛いスウチャン」
昭和19年 1944年 (　　歳)		**ノルマンディー上陸作戦** ドイツ占領下の北西部ヨーロッパへ連合軍が上陸、史上最大の作戦とされる	**学童疎開** 大都市空襲を避けるため、児童を地方に疎開させた ♪「同期の桜」(伊藤久男)
昭和20年 1945年 (　　歳)		**原子爆弾投下** 8月6日広島、同9日長崎に **ポツダム宣言受諾** 日本政府が降伏し第二次世界大戦が終了	**玉音放送** 昭和天皇による終戦の詔書の朗読がラジオで放送 **新宿など焼け跡に闇市**
昭和21年 1946年 (　　歳)		**東京裁判開始** 日本の重大戦争犯罪人として（A級戦犯）容疑の28人を起訴	**「サザエさん」** 長谷川町子作、夕刊フクニチで連載。昭和26年から朝日新聞朝刊に ♪「りんごの唄」(並木路子・霧島昇)
昭和22年 1947年 (　　歳)		**日本国憲法施行** 前年11月3日に公布され、5月3日に施行された	**カスリーン台風** 房総半島から三陸に抜けた大型台風、関東、東北に大被害 ♪「星の流れに」(菊池章子)
昭和23年 1948年 (　　歳)		**帝銀事件** 帝国銀行椎名町支店で起こった毒殺強盗事件。いまだに多くの謎が残っている	**サマータイム始まる** (昭和26年廃止) **美空ひばりデビュー** 日本劇場で「りんごの唄」などを歌った。 ♪「東京ブギウギ」(笠置シヅ子)

昭和24年(1949)～昭和31年(1956)

年代	あなたのニュース	重大ニュース	話題・ニュース
昭和24年 1949年 (　　歳)		**中華人民共和国が成立** 毛沢東国家主席。周恩来首相	**湯川秀樹 ノーベル物理学賞** 中間子の存在を予想 ♪「銀座カンカン娘」(高峰秀子)
昭和25年 1950年 (　　歳)		**朝鮮戦争勃発** 北朝鮮軍の南侵を機に韓国、米国や国連、中国を巻き込んだ戦争に	**金閣寺全焼** 金閣寺が放火で全焼。5年後の1955年再建 ♪「東京キッド」(美空ひばり)
昭和26年 1951年 (　　歳)		**サンフランシスコ講和条約** 日米安全保障条約(旧安保条約)も同時に締結	**黒沢明監督「羅生門」** ベネチア国際映画祭でグランプリ ♪「上海帰りのリル」(津村謙)
昭和27年 1952年 (　　歳)		**講和条約発効** 日本が独立を回復	**ラジオドラマ「君の名は」** 木曜夜の放送中は女湯がガラガラとの神話も ♪「テネシー・ワルツ」(江利チエミ)
昭和28年 1953年 (　　歳)		**吉田茂首相 「バカヤロー解散」** 野党との質疑で吉田首相の「バカヤロー」発言が発端で衆議院解散	**映画「君の名は」真知子巻き** 主役真知子(岸恵子)のストール姿が大流行 ♪「街のサンドイッチマン」(鶴田浩二)
昭和29年 1954年 (　　歳)		**ビキニ水爆実験** ビキニ環礁で行われたアメリカの水爆実験で、付近で操業中の第五福竜丸が被ばく	**モンロー旋風** マリリン・モンローが24日間日本に滞在 **映画「ゴジラ」** ♪「お富さん」(春日八郎)
昭和30年 1955年 (　　歳)		**55年体制成立** 保守2党が合併して自由民主党に。左右両院社会党が再統一	**三種の神器** 電気冷蔵庫、電気洗濯機、白黒テレビがあこがれに ♪「月がとっても青いから」(菅原都々子)
昭和31年 1956年 (　　歳)		**日ソ共同宣言と国連加盟** 日ソ両国の国交回復。年末に日本の国連加盟が承認される	**日本登山隊がマナスル初登頂** ヒマラヤの標高8163m 石原慎太郎「太陽の季節」が芥川賞、映画で石原裕次郎デビュー

昭和32年(1957)～昭和39年(1964)

年代	あなたのニュース	重大ニュース	話題・ニュース
昭和32年 1957年 (　　歳)		**スプートニク1号** ソ連が世界初の人工衛星。米ソの宇宙開発戦争開始	**南極昭和基地** 東オングル島に ♪「東京だヨおっ母さん」(島倉千代子)、「有楽町で逢いましょう」(フランク永井)
昭和33年 1958年 (　　歳)		**皇太子殿下ご婚約** 皇太子明仁さま(現上皇さま)、正田美智子さんとご婚約	**長嶋茂雄、巨人入団** セ・リーグ新人王に **東京タワー完成** ♪「嵐を呼ぶ男」(石原裕次郎)
昭和34年 1959年 (　　歳)		**皇太子殿下ご成婚** ミッチーブーム。テレビが一挙に普及	**王貞治デビュー** 早稲田実業から巨人に ♪「ギターを持った渡り鳥」(小林旭)
昭和35年 1960年 (　　歳)		**新安保条約の成立** 大規模な反対運動で米大統領来日中止。岸首相退陣	**ローマ五輪** 日本体操男子団体総合が金メダルを獲得 ♪「アカシアの雨が止む時」(西田佐知子)
昭和36年 1961年 (　　歳)		**ケネディ大統領就任** 米国史上最年少の43歳	**ソ連が世界初の有人宇宙船** ガガーリン宇宙飛行士「地球は青かった」 ♪「上を向いて歩こう」(坂本九)
昭和37年 1962年 (　　歳)		**キューバ危機** キューバの核ミサイル基地の建設を巡り、米ソが一触即発の危機に	**小型ヨット太平洋単独横断** 堀江謙一青年がマーメイド号で94日で横断。『太平洋ひとりぼっち』♪「いつでも夢を」(橋幸夫、吉永小百合)
昭和38年 1963年 (　　歳)		**三井三池炭鉱と国鉄鶴見線の2大事故** 11月9日最大級の炭鉱事故で458人死亡。鉄道事故では161人が死亡	**ケネディ大統領暗殺** ダラス市内をパレード中に狙撃され死亡 ♪「こんにちは赤ちゃん」(梓みちよ)
昭和39年 1964年 (　　歳)		**東京五輪開催** 日本で初めての五輪。日本は金16、銀5、銅8	**東海道新幹線開業** 東京五輪に合わせて東京－新大阪間開業 ♪「愛と死をみつめて」(青山和子)

昭和40年（1965）〜昭和47年（1972）

年代	あなたのニュース	重大ニュース	話題・ニュース
昭和40年 1965年 （　　歳）		**米国、ベトナム戦争介入** 北ベトナムの空爆（北爆）など本格的な軍事介入	**朝永振一郎ノーベル物理学賞** ♪「学生時代」（ペギー葉山）
昭和41年 1966年 （　　歳）		**人口1億人突破** 住民登録集計で人口1億人を超えた	**ビートルズ来日** 日本武道館で第1回日本公演が行われた ♪「君といつまでも」（加山雄三）
昭和42年 1967年 （　　歳）		**ASEAN結成** 東南アジア諸国連合。当初は5カ国、現在10カ国	**ツイッギー来日** 英国人モデルが来日しミニスカートがブームに ♪「ブルー・シャトウ」（ジャッキー吉川とブルー・コメッツ）
昭和43年 1968年 （　　歳）		**新宿騒乱事件** 10・21国際反戦デーで学生ら745人逮捕 **三億円事件** 白バイ隊員に扮し強奪	**川端康成ノーベル文学賞** 「伊豆の踊子」「雪国」などで日本人の心情描く ♪「三百六十五歩のマーチ」（水前寺清子）
昭和44年 1969年 （　　歳）		**東大安田講堂事件** 安田講堂に立てこもる学生を実力排除。東大の入試は中止に	**人類初の月面着陸** アポロ11号のアームストロング船長が月面に立つ ♪「夜明けのスキャット」（由紀さおり）
昭和45年 1970年 （　　歳）		**日航よど号事件** 日本初のハイジャック。赤軍派9人が北朝鮮亡命 **三島由紀夫事件** 自衛隊の決起を訴え割腹自殺	**大阪万博** 日本万国博覧会が大阪で開催。岡本太郎の「太陽の塔」が話題に♪「黒ネコのタンゴ」（皆川おさむ）
昭和46年 1971年 （　　歳）		**ドル・ショック** アメリカが一時的に金・ドルの交換を停止し、世界的に為替市場が混乱	**アンノン族** 雑誌『アンアン』『ノンノ』を手にした若い女性の旅が急増 ♪「わたしの城下町」（小柳ルミ子）
昭和47年 1972年 （　　歳）		**沖縄返還と日中共同声明** 佐藤政権下、沖縄の施政権が日本に返還、沖縄県が復活。続く田中政権で国交正常化	**札幌冬季五輪開催** アジアで初の冬季五輪 **横井庄一さんグアムから帰還** ♪「旅の宿」（よしだたくろう）

昭和48年(1973)〜昭和55年(1980)

年代	あなたのニュース	重大ニュース	話題・ニュース
昭和48年 1973年 （　　歳）		**オイル・ショック** 原油価格高騰によりトイレットペーパーなどの買い占めが起こり、市民生活に影響	**江崎玲於奈 ノーベル物理学賞** 半導体のトンネル効果などの発見 ♪「学生街の喫茶店」(ガロ)
昭和49年 1974年 （　　歳）		**田中金脈問題** 土地転がしや脱税疑惑で田中角栄首相が辞任 **佐藤栄作元首相ノーベル平和賞** 非核三原則などが理由	**小野田寛郎さん救出** 元日本兵、フィリピン・ルバング島から帰還 ♪「なみだの操」(殿さまキングス)
昭和50年 1975年 （　　歳）		**ベトナム戦争終結** 20年にわたる戦闘も北ベトナム軍がサイゴンを陥落させ終結	**沖縄海洋博** 本土復帰記念事業 **山陽新幹線が全線開通** ♪「シクラメンのかほり」(布施明、小椋佳)、「なごり雪」(イルカ)
昭和51年 1976年 （　　歳）		**ロッキード事件** ロッキード社の航空機売り込みに絡む汚職事件。田中角栄前首相ら逮捕	**日本初の五つ子** 鹿児島の山下家に男児2人、女児3人の五つ子 ♪「およげ！たいやきくん」(子門真人)
昭和52年 1977年 （　　歳）		**ダッカハイジャック事件** 日本赤軍が身代金と拘束中の仲間の釈放を要求。福田赳夫首相は「人命は地球より重い」と応じた	**王選手、本塁打世界一** 756本、ハンク・アーロンを抜く ♪「秋桜」(山口百恵)、「津軽海峡・冬景色」(石川さゆり)
昭和53年 1978年 （　　歳）		**新東京国際空港（成田）開港** 過激派による管制塔占拠事件で2カ月遅れて開港	**ピンク・レディー大人気** ♪「UFO」「サウスポー」 **キャンディーズ解散** 「普通の女の子に戻りたい」 ♪「微笑がえし」
昭和54年 1979年 （　　歳）		**スリーマイル島原発事故** アメリカ・ペンシルベニア州の原発で炉心溶解事故	**インベーダー・ゲーム** アーケード型テレビゲームが大流行 ♪「関白宣言」(さだまさし)、「YOUNG MAN」(西城秀樹)
昭和55年 1980年 （　　歳）		**大平正芳首相急死** 初の衆参同日選挙の運動中、心筋梗塞で急死。享年70。選挙では自民党が圧勝	**銀座で1億円拾得** 落とし主現れず ♪「青い珊瑚礁」(松田聖子)

昭和56年(1981)～昭和63年(1988)

年代	あなたのニュース	重大ニュース	話題・ニュース
昭和56年 1981年 (　　歳)		**ローマ法皇、マザー・テレサ相次ぎ来日** ヨハネ・パウロ2世は広島、長崎を訪問	福井謙一ノーベル化学賞 フロンティア軌道理論 ♪「ルビーの指環」(寺尾聡)、「大阪しぐれ」(都はるみ)
昭和57年 1982年 (　　歳)		**フォークランド戦争** 領有めぐり衝突。アルゼンチンが英国に降伏 **ホテルニュージャパン火災** 宿泊客ら33人死亡	東北・上越新幹線開通 大宮から盛岡、新潟へ **500円硬貨発行開始** ♪「待つわ」(あみん)
昭和58年 1983年 (　　歳)		**大韓航空機撃墜事件** 領空侵犯の旅客機をソ連戦闘機が撃墜、乗員乗客合わせて269人が死亡	東京ディズニーランド開園 千葉県浦安市舞浜に NHK朝ドラ「おしん」 ♪「さざんかの宿」(大川栄策)
昭和59年 1984年 (　　歳)		**グリコ・森永事件** 食品会社を標的とした企業恐喝事件。犯人は「かい人21面相」を名乗った	植村直己氏遭難 冒険家・植村直己が北米のマッキンリーに単独登頂後消息を絶つ♪「涙のリクエスト」(チェッカーズ)
昭和60年 1985年 (　　歳)		**日航ジャンボ機墜落** 群馬県御巣鷹山に墜落。520人死亡、4女性救出	阪神タイガース優勝 21年ぶりにリーグ優勝。日本シリーズも制覇 ♪「ミ・アモーレ」(中森明菜)
昭和61年 1986年 (　　歳)		**三原山大噴火** 伊豆大島の三原山が209年ぶりに噴火。島外避難が1カ月以上続いた	英国ダイアナ妃来日 チャールズ皇太子と来日しダイアナフィーバー ♪「恋におちて」(小林明子)
昭和62年 1987年 (　　歳)		**国鉄が分割民営化** JRの11の新会社に **大韓航空機爆破事件** 日本人を装った北朝鮮工作員金賢姫らによる犯行	利根川進ノーベル医学生理学賞 ♪「命くれない」(瀬川瑛子)、「雪國」(吉幾三)
昭和63年 1988年 (　　歳)		**リクルート疑惑** リクルート疑惑が政財界を揺るがす	潜水艦なだしお事故 釣り船と潜水艦が衝突し釣り客など30人死亡 ♪「乾杯」(長渕剛)

昭和64年(1989)～平成8年(1996)

年代	あなたのニュース	重大ニュース	話題・ニュース
昭和64年 平成元年 1989年 (　　歳)		**昭和天皇崩御し平成に** 皇太子明仁さまが即位。元号は翌日1月8日から平成 **竹下首相がリクルート疑惑で辞任**	**ベルリンの壁崩壊** 国境ゲートが開放されて往来が自由に **税率3％の消費税導入**
平成2年 1990年 (　　歳)		**東西ドイツ統一** 西ドイツ（ドイツ連邦共和国）が東ドイツ（ドイツ民主共和国）を吸収・統合	**花の万博** 大阪鶴見緑地で「国際花と緑の博覧会」開催 ♪「おどるポンポコリン」（B.B.クィーンズ）
平成3年 1991年 (　　歳)		**ソビエト連邦崩壊** 69年の歴史に幕 **湾岸戦争** 多国籍軍がクウェートを占拠したイラクを攻撃。日本の国際貢献が論議に	**横綱千代の富士、大乃国引退** 追い上げる貴花田、若花田兄弟の若貴ブーム ♪「ラブ・ストーリーは突然に」（小田和正）
平成4年 1992年 (　　歳)		**金丸信衆議院議員が辞職** 東京佐川急便による献金疑惑。竹下派会長も辞任。翌年逮捕される	**「のぞみ」新幹線運転開始** 東京－新大阪を従来より19分早い2時間30分で ♪「君がいるだけで」（米米CLUB）
平成5年 1993年 (　　歳)		**細川護熙内閣発足** 非自民8党会派の連立政権。小沢一郎幹事長 **皇太子浩宮さまご成婚** 皇太子殿下と外務省職員の小和田雅子さん	**Jリーグ発足** 日本プロサッカーリーグが発足。当初10チーム。サッカーブーム到来 ♪「真夏の夜の夢」（松任谷由実）
平成6年 1994年 (　　歳)		**村山富市内閣発足** 自民、社会、新党さきがけによる連立政権 **関西国際空港開港** 国内初の本格的24時間空港	**大江健三郎ノーベル文学賞** 「個人的な体験」など ♪「innocent world」（Mr.Children）
平成7年 1995年 (　　歳)		**阪神・淡路大震災** 1月17日に発生。兵庫県南部を中心に多くの被害 **地下鉄サリン事件** 13人死亡、重軽傷6300人余	**野茂英雄投手、大リーグ新人王** トルネード投法で魅了 ♪「LOVE LOVE LOVE」（DREAMS COME TRUE）
平成8年 1996年 (　　歳)		**ペルー日本大使公邸占拠事件** 12月に左翼ゲリラが大使公邸を占拠。翌年4月まで127日間におよぶ籠城	**羽生善治史上初の七冠** 将棋七大タイトル名人、竜王、王将、王位、王座、棋王、棋聖を独占

平成9年(1997)〜平成16年(2004)

年代	あなたのニュース	重大ニュース	話題・ニュース
平成9年 1997年 (　　歳)		**山一証券が自主廃業** 北海道拓殖銀行、三洋証券も破綻、金融不安拡大	**神戸連続児童殺傷事件** 酒鬼薔薇聖斗を名乗る14歳の中学生逮捕 ♪「CAN YOU CELEBRATE ?」（安室奈美恵）
平成10年 1998年 (　　歳)		**大蔵省接待汚職事件** 金融機関と監督官庁の癒着が発覚 **和歌山毒物カレー事件** 夏祭りでカレーに毒物が混入され4人死亡	**サッカーW杯初出場** フランス大会。日本は予選0勝3敗 **若乃花と貴乃花、初の兄弟横綱誕生**
平成11年 1999年 (　　歳)		**石原慎太郎氏が都知事に** 2012年まで務めた	**宇多田ヒカル「First Love」** アルバム歴代1位の売り上げ ♪「だんご3兄弟」（速水けんたろう、茂森あゆみ他）
平成12年 2000年 (　　歳)		**小渕恵三首相が急死** 脳梗塞で入院し辞任。後任には森喜朗氏就任	**2000円札発行** 沖縄守礼門などをあしらう **白川英樹ノーベル化学賞** ♪「TSUNAMI」（サザンオールスターズ）
平成13年 2001年 (　　歳)		**小泉純一郎内閣発足** 小泉旋風と言われる大ブームに **9・11米同時多発テロ** ハイジャックした4機によるテロ	**ユニバーサル・スタジオ・ジャパン開業** **野依良治ノーベル化学賞**　♪「箱根八里の半次郎」（氷川きよし）
平成14年 2002年 (　　歳)		**小泉首相訪朝** 金正日国防委員長、拉致問題を認め謝罪。1ヵ月後、拉致被害者5人帰国	**サッカーW杯日韓共催** 日本は決勝T初戦敗退 **小柴昌俊ノーベル物理学賞、田中耕一ノーベル化学賞**
平成15年 2003年 (　　歳)		**イラク戦争** 米英がイラク侵攻作戦。日本は直ちに支持。大量破壊兵器は見つからず	**六本木ヒルズオープン** 六本木ヒルズ森タワー（高さ238m）を中心とした街　♪「世界に一つだけの花」（SMAP）
平成16年 2004年 (　　歳)		**スマトラ沖大地震** 大津波で死者・行方不明30万人余 **新潟県中越地震** 最大震度7。68人死亡	**「冬のソナタ」など韓流ブーム** ♪「マツケンサンバⅡ」（松平健）

平成17年(2005)～平成24年(2012)

年代	あなたのニュース	重大ニュース	話題・ニュース
平成17年 2005年 (　　歳)		**小泉首相、郵政解散** 郵政民営化関連法案が参議院で否決されたことを受けて、衆院を解散。自民が圧勝	**愛・地球博** 愛知万博開催。同時に中部国際空港(セントレア)が開港 ♪「さくら」(ケツメイシ)
平成18年 2006年 (　　歳)		**第1次安倍晋三内閣が発足** **北朝鮮、初の核実験**	**冥王星が準惑星に** 国際天文学連合が惑星の定義を決定。太陽系の惑星は一つ減り八つに
平成19年 2007年 (　　歳)		**長崎市長射殺事件** 選挙中の伊藤一長市長が銃撃され死亡 **安倍首相が辞任、福田康夫氏が首相に**	**石川遼初優勝** KSBカップで初優勝。男子国内ツアー最年少記録を更新(当時15歳)　♪「千の風になって」(秋川雅史)
平成20年 2008年 (　　歳)		**リーマン・ショック** 米大手証券リーマン・ブラザーズ破綻。世界株安 **大阪府知事に橋下徹** **福田首相が辞任、麻生太郎氏が首相に**	小林誠・益川敏英・南部陽一郎ノーベル物理学賞、下村脩ノーベル化学賞
平成21年 2009年 (　　歳)		**オバマ米大統領就任** 初のアフリカ系。「イエス・ウィ・キャン」は流行語に **民主党政権、鳩山由紀夫氏が首相に** 社民、国民新党との連立	**裁判員裁判スタート** 第1号は8月3日、東京地裁。5月の女性殺害事件 **「1Q84」** 村上春樹の長編小説がミリオンセラーに
平成22年 2010年 (　　歳)		**鳩山首相が辞任、菅直人氏が首相に** 沖縄の米軍基地問題で混乱、社民党が連立離脱	根岸英一・鈴木章ノーベル化学賞 ♪「ありがとう」(いきものがかり)、「また君に恋してる」(坂本冬美)
平成23年 2011年 (　　歳)		**東日本大震災と福島第1原発事故** 3月11日M9.0の大地震で大津波発生。死者・不明者1万8400人余、関連死3700人以上	**大相撲八百長問題** 春場所は中止、夏場所は無料の「技量審査場所」 **なでしこジャパン世界一** W杯サッカー女子初優勝
平成24年 2012年 (　　歳)		**第2次安倍内閣発足** 総選挙で自民大勝、野田佳彦首相率いる民主党は壊滅的大敗	**東京スカイツリー開業** 高さ634mの電波塔 山中伸弥ノーベル医学生理学賞 ♪「花は咲く」(復興支援ソング)

平成25年(2013)～令和2年(2020)

年代	あなたのニュース	重大ニュース	話題・ニュース
平成25年 2013年 (　　歳)		**猪瀬直樹都知事が辞任** 選挙資金5000万円受領問題で引責	**富士山が世界文化遺産** 日本で13番目の登録 **「あまちゃん」ブーム** 異色のNHK朝ドラ
平成26年 2014年 (　　歳)		**翁長雄志氏が沖縄知事に** 辺野古移設反対派 **御嶽山噴火** 登山者58人死亡 **広島豪雨** 74人死亡	**赤崎勇・天野浩・中村修二ノーベル物理学賞** 青色発光ダイオード開発 **消費税率5％から8％に** ♪「Let It Go～ありのままで～」(松たか子)
平成27年 2015年 (　　歳)		**イスラム過激派テロ続発** イスラム国（IS）が勢力拡大、人質の邦人2人殺害。パリの週刊紙襲撃などで多くの犠牲	**梶田隆章ノーベル物理学賞、大村智ノーベル医学生理学賞** ♪「Dragon Night」(SEKAI NO OWARI)
平成28年 2016年 (　　歳)		**天皇陛下が退位の意向** ビデオメッセージ公開 **熊本地震** 4月14、16日に2度の震度7。161人死亡	**大隈良典ノーベル医学生理学賞** ♪「PPAP」(ピコ太郎)、「恋」(星野源)
平成29年 2017年 (　　歳)		**北朝鮮相次ぐ核・ミサイル実験** 大陸間弾道弾（ICBM）開発で米と緊張激化 **トランプ米大統領就任** ヒラリー・クリントン氏を僅差で破る	**日本人初の9秒台** 陸上100m走で桐生祥秀選手が9秒98の日本記録を樹立 ♪「若い広場」(桑田佳祐)
平成30年 2018年 (　　歳)		**史上初の米朝首脳会談** シンガポールで共同声明 **西日本豪雨** 224人死亡、8人行方不明	**サッカーW杯ロシア大会** 日本は決勝T初戦惜敗 **本庶佑ノーベル医学生理学賞** がん免疫療法の発展に貢献 安室奈美恵引退♪「Hero」
平成31年 令和元年 2019年 (　　歳)		**明仁天皇退位し上皇に皇太子浩宮さまが即位** 元号は5月1日令和に **京都アニメーション放火**	**ラグビーW杯日本大会** 日本は初のベスト8 **吉野彰ノーベル化学賞** **消費税率10％** ♪「パプリカ」(Foorin)
令和2年 2020年 (　　歳)		**新型コロナ感染拡大** **東京五輪・パラリンピック延期** **安倍首相が辞任、菅義偉氏が首相に**	**藤井聡太棋士最年少2冠・八段** **「鬼滅の刃」ブーム** 劇場版映画、主題歌が大ヒット

令和3年(2021)〜令和10年(2028)

年代	あなたのニュース	重大ニュース	話題・ニュース
令和3年 2021年 (　　歳)		バイデン米大統領就任 米軍がアフガン撤退、タリバン復権 岸田文雄氏が首相に 菅首相が総裁選不出馬	大谷翔平、二刀流でメジャーリーグMVP コロナ下で東京五輪・パラリンピック開催 卓球混合ダブルス初の金メダル
令和4年 2022年 (　　歳)		ロシア軍がウクライナに侵攻 安倍晋三元首相、銃撃を受け死亡 英エリザベス女王死去	ロッテ・佐々木朗希投手が完全試合 28年ぶり、プロ16人目 ヤクルト・村上宗隆選手が56号本塁打 日本人最多本塁打と3冠王獲得
令和5年 2023年 (　　歳)		イスラエル軍とイスラム組織ハマスが軍事衝突 ワールド・ベースボールクラシック「侍ジャパン」優勝 14年ぶり3度目	藤井聡太棋士初の八冠 21歳2か月で史上初の八冠独占を成し遂げた ♪「アイドル」(YOASOBI)
令和6年 2024年 (　　歳)		パリ五輪で日本が過去最多となるメダル45個獲得 石川県能登地方で震度7の地震	新紙幣20年ぶりに発行 肖像は渋沢栄一、津田梅子、北里柴三郎 大谷翔平がメジャー史上初の「50-50」を達成
令和7年 2025年 (　　歳)			
令和8年 2026年 (　　歳)			
令和9年 2027年 (　　歳)			
令和10年 2028年 (　　歳)			

思い出しキーワード

懐かしの行事

花火大会　運動会　学園祭　夏休み　冬休み　七五三　ひな祭り
修学旅行　ピクニック　遠足　自治会　写生大会　コンサート
卒業式　入学式　お祭り　観劇　お墓参り　受験　誕生会　七夕

懐かしの場所

寄席　通学路　デパート　駄菓子屋　映画館　遊園地　図書館
銭湯　美術館　純喫茶　市民プール　美容院　百貨店の屋上
温泉旅館　動物園　秘密基地　貸本屋　町工場

懐かしのモノ

赤電話　都電　テレビ　電気コタツ　ちゃぶ台　写真機　竹馬
楽器　囲碁・将棋　ピアノ　おはじき　勉強机　制服　絵本
切手　メンコ　ぬいぐるみ　レコード　筆箱　蓄音機

懐かしのコト

チャンバラ　飯盒炊飯　のど自慢　海水浴　文通　星占い
たき火　鬼ごっこ　草野球　山登り　宿題　稽古事　あやとり
国内・海外旅行　おママごと　お菓子作り　給食

懐かしキーワード

自転車　夜景　プレゼント　記念写真　試合　駅　停留所　卒業
町内会　新聞紙　流行語　遺伝　歩行者天国　化粧品　出会い
別れ　出張　お土産　待ち合わせ　マンガ　お小遣い

日本地図

地図には、あなたの住んだ場所、仕事場、
旅行先などを記入してみましょう。

<記入例>

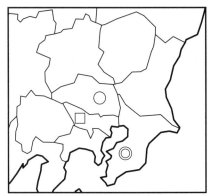

住んだ場所⇒○　　仕事場⇒□
旅行に行った場所⇒◎
これから旅行したい場所⇒☆

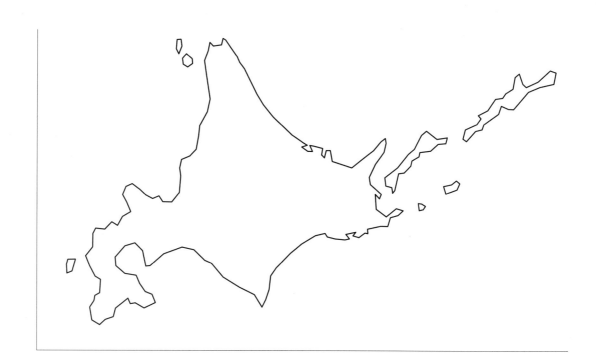
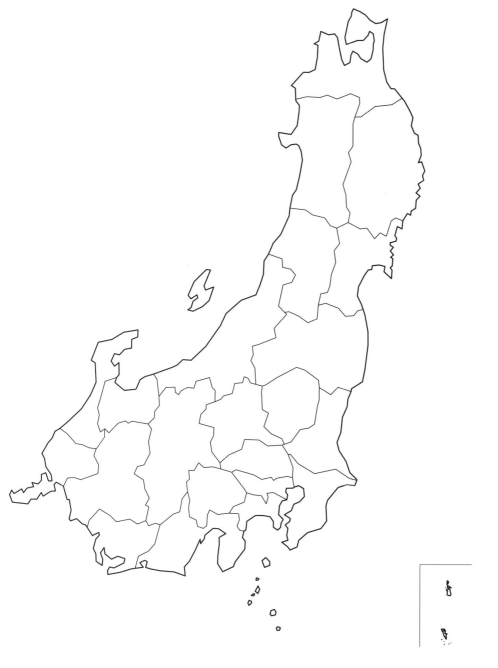

世界地図

<記入例>

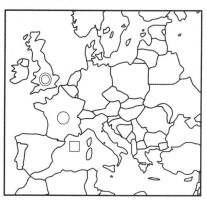

住んだ場所⇒○
仕事場⇒□
旅行先⇒◎
これから旅行したい場所⇒☆

白地図は自由にお使いください。
境界線の一部が現在は変わっている所もあります。

「思い出図書館」

これから、そして未来へ

　いままで同じ人生を歩んだ方はひとりもいません。そしてこれからも同じ人生を歩む方はいません。
　思い出ノートは一人ひとりの人生の思い出や軌跡を書き留めておくノートです。ご自身だけでなく、ご両親や祖父母の思い出なども記録として残せます。誰にでも大切な人はいます。書き終えたノートは唯一無二の思い出になります。その大切な思い出が詰まったノートを「思い出図書館」でお預かりするのが「思い出図書館」です。

思い出図書館 館長 椎原洋
毎日新聞を退職後、思い出図書館館長に就任。自分史（思い出）作りの講師をする傍ら、認知症予防財団の講師として認知症予防法の普及啓蒙活動を行う。

思い出ノート
2025年4月13日　第1刷発行
2025年7月24日　第3刷発行

著　　編：思い出ノートプロジェクト
企画制作：小山真史（株式会社ハップ）
監　　修：公益財団法人 認知症予防財団
発 行 者：原口斗州城
発 行 所：全力舎
　　　　　〒262-0033 千葉県千葉市花見川区幕張本郷 3-30-4-602
　　　　　TEL 070-9306-0346　FAX 050-3101-5907
　　　　　メール haraguchi@zenryokusha.com　URL https://www.zenryokusha.com/
印　　刷：株式会社プリントパック

◎落丁・乱丁はお取替えいたします。
「思い出ノート」は毎日新聞社の登録商標（第6238671号）です。本書の一部またはすべてを無断で複写（コピー）複製することは、著作権法上での例外を除き禁じられています。
©THE MAINICHI NEWSPAPERS 2025.Printed in Japan
ISBN 978-4-911287-04-0